Diogenes Taschenbuch 21932

WILHELM MÜLLER, geboren am 7.10.1794 in Dessau, gestorben am 30.9.1827 in Dessau, dort begraben im Alten Friedhof. »Das Wandern ist des Müllers Lust«, »Am Brunnen vor dem Tore« – Anfangszeilen vertrauter Volkslieder. Den Komponisten, Franz Schubert, kennen die meisten, den Dichter die wenigsten. Wilhelm Müllers Vater, ein Handwerker, durch die zweite Ehe zu etwas Wohlstand gelangt, konnte den Sohn auf die Universität Berlin schicken. Der Student nahm an den Freiheitskriegen gegen Napoleon teil sowie an einer Studienreise nach Griechenland und Italien, um griechische Inschriften zu sammeln. Die Reise weckte in ihm Sympathien für die mediterrane Lebensart und für den Freiheitskampf der Griechen gegen die Türken, die der ›Griechen-Müller‹, wie er bald genannt wurde, in vielen Gedichten bezeugte. Der Lehrer und herzogliche Bibliothekar, dessen »ewige Frische und jugendliche Ursprünglichkeit« Heine bewunderte, starb kaum 33 Jahre alt.

Wilhelm Müller

Die Winterreise

und
Die schöne Müllerin

Mit Zeichnungen von
Ludwig Richter und
einem Nachwort von
Winfried Stephan

Diogenes

Die vorliegende Fassung beruht auf der 1830 bei
F. A. Brockhaus in Leipzig erschienenen fünfbändigen
Ausgabe der Werke von Wilhelm Müller, herausgegeben von
Gustav Schwab, und auf der Vollständigen Kritischen Ausgabe
der Gedichte Wilhelm Müllers in der Bearbeitung
von James Taft Hatfield, B. Behr, Berlin 1906
Die Orthographie wurde behutsam modernisiert
Covermotiv: Illustration von Ludwig Richter

Die Nutzung dieses Werks für Text und Data Mining
im Sinne von § 44b UrhG behalten wir uns explizit vor

Veröffentlicht als Diogenes Taschenbuch, 1991
Alle Rechte an dieser Ausgabe vorbehalten
Copyright © 1984
Diogenes Verlag AG Zürich
info@diogenes.ch · www.diogenes.ch
In Fragen zur Produktsicherheit (gpsr):
truepages UG (haftungsbeschränkt)
Westermühlstraße 29, 80469 München
info@truepages.de
ASR / 24 / 852 / 6
ISBN 978 3 257 21932 6

Die Winterreise

Gute Nacht

Fremd bin ich eingezogen,
Fremd zieh ich wieder aus.
Der Mai war mir gewogen
Mit manchem Blumenstrauß.
Das Mädchen sprach von Liebe,
Die Mutter gar von Eh –
Nun ist die Welt so trübe,
Der Weg gehüllt in Schnee.

Ich kann zu meiner Reisen
Nicht wählen mit der Zeit:
Muß selbst den Weg mir weisen
In dieser Dunkelheit.
Es zieht ein Mondenschatten
Als mein Gefährte mit,
Und auf den weißen Matten
Such ich des Wildes Tritt.

Was soll ich länger weilen,
Bis man mich trieb' hinaus?
Laß irre Hunde heulen
Vor ihres Herren Haus!
Die Liebe liebt das Wandern,
Gott hat sie so gemacht –
Von einem zu dem andern –
Fein Liebchen, gute Nacht!

Will dich im Traum nicht stören,
Wär schad um deine Ruh,
Sollst meinen Tritt nicht hören –
Sacht, sacht die Türe zu!
Ich schreibe nur im Gehen
Ans Tor noch gute Nacht,
Damit du mögest sehen,
Ich hab an dich gedacht.

Die Wetterfahne

Der Wind spielt mit der Wetterfahne
Auf meines schönen Liebchens Haus.
Da dacht ich schon in meinem Wahne,
Sie pfiff den armen Flüchtling aus.

Er hätt es eh'r bemerken sollen,
Des Hauses aufgestecktes Schild,
So hätt er nimmer suchen wollen
Im Haus ein treues Frauenbild.

Der Wind spielt drinnen mit den Herzen
Wie auf dem Dach, nur nicht so laut.
Was fragen sie nach meinen Schmerzen?
Ihr Kind ist eine reiche Braut.

Gefrorene Tränen

Gefrorne Tropfen fallen
Von meinen Wangen ab:
Und ist's mir denn entgangen,
Daß ich geweinet hab?

Ei Tränen, meine Tränen,
Und seid ihr gar so lau,
Daß ihr erstarrt zu Eise
Wie kühler Morgentau?

Und dringt doch aus der Quelle
Der Brust so glühend heiß,
Als wolltet ihr zerschmelzen
Des ganzen Winters Eis.

Erstarrung

Ich such im Schnee vergebens
Nach ihrer Tritte Spur,
Hier, wo wir oft gewandelt
Selbander durch die Flur.

Ich will den Boden küssen,
Durchdringen Eis und Schnee
Mit meinen heißen Tränen,
Bis ich die Erde seh.

Wo find ich eine Blüte,
Wo find ich grünes Gras?
Die Blumen sind erstorben,
Der Rasen sieht so blaß.

Soll denn kein Angedenken
Ich nehmen mit von hier?
Wenn meine Schmerzen schweigen
Wer sagt mir dann von ihr?

Mein Herz ist wie erfroren,
Kalt starrt ihr Bild darin:
Schmilzt je das Herz mir wieder,
Fließt auch das Bild dahin.

Der Lindenbaum

Am Brunnen vor dem Tore
Da steht ein Lindenbaum:
Ich träumt' in seinem Schatten
So manchen süßen Traum.

Ich schnitt in seine Rinde
So manches liebe Wort;
Es zog in Freud und Leide
Zu ihm mich immerfort.

Ich mußt' auch heute wandern
Vorbei in tiefer Nacht,
Da hab ich noch im Dunkel
Die Augen zugemacht.

Und seine Zweige rauschten,
Als riefen sie mir zu:
Komm her zu mir, Geselle,
Hier findst du deine Ruh!

Die kalten Winde bliesen
Mir grad ins Angesicht,
Der Hut flog mir vom Kopfe,
Ich wendete mich nicht.

Nun bin ich manche Stunde
Entfernt von jenem Ort,
Und immer hör ich's rauschen:
Du fändest Ruhe dort!

Die Post

Von der Straße her ein Posthorn klingt.
Was hat es, daß es so hoch aufspringt,
    Mein Herz?

Die Post bringt keinen Brief für dich:
Was drängst du denn so wunderlich,
    Mein Herz?

Nun ja, die Post kommt aus der Stadt,
Wo ich ein liebes Liebchen hatt',
    Mein Herz!

Willst wohl einmal hinübersehn
Und fragen, wie es dort mag gehn,
    Mein Herz?

Wasserflut

Manche Trän' aus meinen Augen
Ist gefallen in den Schnee;
Seine kalten Flocken saugen
Durstig ein das heiße Weh.

Wenn die Gräser sprossen wollen
Weht daher ein lauer Wind,
Und das Eis zerspringt in Schollen,
Und der weiche Schnee zerrinnt.

Schnee, du weißt von meinem Sehnen:
Sag mir, wohin geht dein Lauf?
Folge nach nur meinen Tränen,
Nimmt dich bald das Bächlein auf.

Wirst mit ihm die Stadt durchziehen,
Muntre Straßen ein und aus:
Fühlst du meine Tränen glühen,
Da ist meiner Liebsten Haus.

Auf dem Flusse

Der du so lustig rauschtest,
Du heller, wilder Fluß,
Wie still bist du geworden,
Gibst keinen Scheidegruß.

Mit harter, starrer Rinde
Hast du dich überdeckt,
Liegst kalt und unbeweglich
Im Sande hingestreckt.

In deine Decke grab ich
Mit einem spitzen Stein
Den Namen meiner Liebsten
Und Stund und Tag hinein:

Den Tag des ersten Grußes,
Den Tag, an dem ich ging;
Um Nam' und Zahlen windet
Sich ein zerbrochner Ring.

Mein Herz, in diesem Bache
Erkennst du nun dein Bild?
Ob's unter seiner Rinde
Wohl auch so reißend schwillt?

Rückblick

Es brennt mir unter beiden Sohlen,
Tret ich auch schon auf Eis und Schnee.
Ich möcht nicht wieder Atem holen,
Bis ich nicht mehr die Türme seh.

Hab mich an jedem Stein gestoßen,
So eilt' ich zu der Stadt hinaus;
Die Krähen warfen Bäll' und Schloßen
Auf meinen Hut von jedem Haus.

Wie anders hast du mich empfangen,
Du Stadt der Unbeständigkeit!
An deinen blanken Fenstern sangen
Die Lerch' und Nachtigall im Streit.

Die runden Lindenbäume blühten,
Die klaren Rinnen rauschten hell,
Und ach, zwei Mädchenaugen glühten! –
Da war's geschehn um dich, Gesell!

Kommt mir der Tag in die Gedanken,
Möcht ich noch einmal rückwärts sehn,
Möcht ich zurücke wieder wanken,
Vor ihrem Hause stille stehn.

Der greise Kopf

Der Reif hatt' einen weißen Schein
Mir übers Haar gestreuet.
Da meint' ich schon ein Greis zu sein
Und hab mich sehr gefreuet.

Doch bald ist er hinweggetaut,
Hab wieder schwarze Haare,
Daß mir's vor meiner Jugend graut –
Wie weit noch bis zur Bahre!

Vom Abendrot zum Morgenlicht
Ward mancher Kopf zum Greise.
Wer glaubt's? Und meiner ward es nicht
Auf dieser ganzen Reise!

Die Krähe

Eine Krähe war mit mir
Aus der Stadt gezogen,
Ist bis heute für und für
Um mein Haupt geflogen.

Krähe, wunderliches Tier,
Willst mich nicht verlassen?
Meinst wohl bald als Beute hier
Meinen Leib zu fassen?

Nun, es wird nicht weit mehr gehn
An dem Wanderstabe.
Krähe, laß mich endlich sehn
Treue bis zum Grabe!

Letzte Hoffnung

Hier und da ist an den Bäumen
Noch ein buntes Blatt zu sehn,
Und ich bleibe vor den Bäumen
Oftmals in Gedanken stehn.

Schaue nach dem einen Blatte,
Hänge meine Hoffnung dran;
Spielt der Wind mit meinem Blatte,
Zittr' ich, was ich zittern kann.

Ach, und fällt das Blatt zu Boden,
Fällt mit ihm die Hoffnung ab,
Fall ich selber mit zu Boden,
Wein' auf meiner Hoffnung Grab.

Im Dorfe

Es bellen die Hunde, es rasseln die Ketten,
Die Menschen schnarchen in ihren Betten,
Träumen sich manches, was sie nicht haben,
Tun sich im Guten und Argen erlaben:
Und morgen früh ist alles zerflossen. –
Je nun, sie haben ihr Teil genossen
Und hoffen, was sie noch übrig ließen,
Doch wieder zu finden auf ihren Kissen.

Bellt mich nur fort, ihr wachen Hunde,
Laßt mich nicht ruhn in der Schlummerstunde!
Ich bin zu Ende mit allen Träumen –
Was will ich unter den Schläfern säumen?

Der stürmische Morgen

Wie hat der Sturm zerrissen
Des Himmels graues Kleid!
Die Wolkenfetzen flattern
Umher in mattem Streit.

Und rote Feuerflammen
Ziehn zwischen ihnen hin.
Das nenn ich einen Morgen
So recht nach meinem Sinn!

Mein Herz sieht an dem Himmel
Gemalt sein eignes Bild –
Es ist nichts als der Winter,
Der Winter kalt und wild!

Täuschung

Ein Licht tanzt freundlich vor mir her,
Ich folg ihm nach die Kreuz und Quer,
Ich folg ihm gern, und seh's ihm an
Daß es verlockt den Wandersmann.
Ach, wer wie ich so elend ist,
Gibt gern sich hin der bunten List,
Die hinter Eis und Nacht und Graus
Ihm weist ein helles, warmes Haus,
Und eine liebe Seele drin –
Nur Täuschung ist für mich Gewinn!

Der Wegweiser

Was vermeid ich denn die Wege,
Wo die andren Wandrer gehn,
Suche mir versteckte Stege
Durch verschneite Felsenhöhn?

Habe ja doch nichts begangen,
Daß ich Menschen sollte scheun –
Welch ein törichtes Verlangen
Treibt mich in die Wüstenein?

Weiser stehen auf den Straßen,
Weisen auf die Städte zu,
Und ich wandre sonder Maßen,
Ohne Ruh, und suche Ruh.

Einen Weiser seh ich stehen
Unverrückt vor meinem Blick;
Eine Straße muß ich gehen,
Die noch keiner ging zurück.

Das Wirtshaus

Auf einen Totenacker
Hat mich mein Weg gebracht.
Allhier will ich einkehren:
Hab ich bei mir gedacht.

Ihr grünen Totenkränze
Könnt wohl die Zeichen sein,
Die müde Wandrer laden
Ins kühle Wirtshaus ein.

Sind denn in diesem Hause
Die Kammern all besetzt?
Bin matt zum Niedersinken
Und tödlich schwer verletzt.

O unbarmherzge Schenke,
Doch weisest du mich ab?
Nun weiter denn, nur weiter,
Mein treuer Wanderstab!

Das Irrlicht

In die tiefsten Felsengründe
Lockte mich ein Irrlicht hin:
Wie ich einen Ausgang finde,
Liegt nicht schwer mir in dem Sinn.

Bin gewohnt das Irregehen
's führt ja jeder Weg zum Ziel:
Unsre Freuden, unsre Wehen,
Alles eines Irrlichts Spiel!

Durch des Bergstroms trockne Rinnen
Wind' ich ruhig mich hinab –
Jeder Strom wird's Meer gewinnen,
Jedes Leiden auch ein Grab.

Rast

Nun merk ich erst, wie müd ich bin,
Da ich zur Ruh mich lege;
Das Wandern hielt mich munter hin
Auf unwirtbarem Wege.

Die Füße frugen nicht nach Rast,
Es war zu kalt zum Stehen,
Der Rücken fühlte keine Last,
Der Sturm half fort mich wehen.

In eines Köhlers engem Haus
Hab Obdach ich gefunden;
Doch meine Glieder ruhn nicht aus,
So brennen ihre Wunden.

Auch du, mein Herz, im Kampf und Sturm
So wild und so verwegen,
Fühlst in der Still erst deinen Wurm
Mit heißem Stich sich regen!

Die Nebensonnen

Drei Sonnen sah ich am Himmel stehn,
Hab lang und fest sie angesehn,
Und sie auch standen da so stier,
Als könnten sie nicht weg von mir.
Ach, *meine* Sonnen seid ihr nicht!
Schaut andren doch ins Angesicht!
Ja, neulich hatt' ich auch wohl drei:
Nun sind hinab die besten zwei.
Ging nur die dritt erst hinterdrein!
Im Dunkel wird mir wohler sein.

Frühlingstraum

Ich träumte von bunten Blumen,
So wie sie wohl blühen im Mai,
Ich träumte von grünen Wiesen,
Von lustigem Vogelgeschrei.

Und als die Hähne krähten,
Da ward mein Auge wach;
Da war es kalt und finster,
Es schrien die Raben vom Dach.

Doch an den Fensterscheiben
Wer malte die Blätter da?
Ihr lacht wohl über den Träumer,
Der Blumen im Winter sah?

Ich träumte von Lieb um Liebe,
Von einer schönen Maid,
Von Herzen und von Küssen,
Von Wonn und Seligkeit.

Und als die Hähne krähten,
Da ward mein Herze wach;
Nun sitz ich hier alleine
Und denke dem Traume nach.

Die Augen schließ ich wieder,
Noch schlägt das Herz so warm.
Wann grünt ihr Blätter am Fenster?
Wann halt ich dich, Liebchen, im Arm?

Einsamkeit

Wie eine trübe Wolke
Durch heitre Lüfte geht,
Wenn in der Tanne Wipfel
Ein mattes Lüftchen weht:

So zieh ich meine Straße
Dahin mit trägem Fuß,
Durch helles, frohes Leben,
Einsam und ohne Gruß.

Ach, daß die Luft so ruhig!
Ach, daß die Welt so licht!
Als noch die Stürme tobten,
War ich so elend nicht.

Mut

Fliegt der Schnee mir ins Gesicht,
Schüttl' ich ihn herunter.
Wenn mein Herz im Busen spricht,
Sing ich hell und munter.

Höre nicht, was es mir sagt,
Habe keine Ohren;
Fühle nicht, was es mir klagt,
Klagen ist für Toren.

Lustig in die Welt hinein
Gegen Wind und Wetter!
Will kein Gott auf Erden sein,
Sind wir selber Götter.

Der Leiermann

Drüben hinterm Dorfe
Steht ein Leiermann,
Und mit starren Fingern
Dreht er, was er kann.

Barfuß auf dem Eise
Schwankt er hin und her,
Und sein kleiner Teller
Bleibt ihm immer leer.

Keiner mag ihn hören,
Keiner sieht ihn an,
Und die Hunde brummen
Um den alten Mann.

Und er läßt es gehen,
Alles, wie es will,
Dreht, und seine Leier
Steht ihm nimmer still.

Wunderlicher Alter,
Soll ich mit dir gehn?
Willst zu meinen Liedern
Deine Leier drehn?

Die schöne Müllerin
(Im Winter zu lesen)

Wanderschaft

Das Wandern ist des Müllers Lust,
  Das Wandern!
Das muß ein schlechter Müller sein,
Dem niemals fiel das Wandern ein,
  Das Wandern.

Vom Wasser haben wir's gelernt,
 Vom Wasser!
Das hat nicht Rast bei Tag und Nacht,
Ist stets auf Wanderschaft bedacht,
 Das Wasser.

Das sehn wir auch den Rädern ab,
 Den Rädern!
Die gar nicht gerne stille stehn,
Die sich mein Tag nicht müde drehn,
 Die Räder.

Die Steine selbst, so schwer sie sind,
 Die Steine!
Sie tanzen mit den muntern Reihn
Und wollen gar noch schneller sein,
 Die Steine.

O Wandern, Wandern, meine Lust,
 O Wandern!
Herr Meister und Frau Meisterin,
Laßt mich im Frieden weiterziehn
 Und wandern.

Wohin?

Ich hört' ein Bächlein rauschen
Wohl aus dem Felsenquell,
Hinab zum Tale rauschen
So frisch und wunderhell.

Ich weiß nicht, wie mir wurde,
Nicht, wer den Rat mir gab,
Ich mußte gleich hinunter
Mit meinem Wanderstab.

Hinunter und immer weiter,
Und immer dem Bache nach,
Und immer frischer rauschte,
Und immer heller der Bach.

Ist das denn meine Straße?
O Bächlein, sprich, wohin?
Du hast mit deinem Rauschen
Mir ganz berauscht den Sinn.

Was sag ich denn vom Rauschen?
Das kann kein Rauschen sein:
Es singen wohl die Nixen
Dort unten ihren Reihn.

Laß singen, Gesell, laß rauschen,
Und wandre fröhlich nach!
Es gehn ja Mühlenräder
In jedem klaren Bach.

Halt!

Eine Mühle seh ich blicken
Aus den Erlen heraus,
Durch Rauschen und Singen
Bricht Rädergebraus.

Ei willkommen, ei willkommen,
Süßer Mühlengesang!
Und das Haus, wie so traulich!
Und die Fenster, wie blank!

Und die Sonne, wie helle
Vom Himmel sie scheint!
Ei, Bächlein, liebes Bächlein,
War es also gemeint?

Danksagung
an den Bach

War es also gemeint,
Mein rauschender Freund,
Dein Singen, dein Klingen,
War es also gemeint?

Zur Müllerin hin!
So lautet der Sinn.
Gelt, hab ich's verstanden?
Zur Müllerin hin!

Hat sie dich geschickt?
Oder hast mich berückt?
Das möcht ich noch wissen,
Ob sie dich geschickt.

Nun wie's auch mag sein,
Ich gebe mich drein:
Was ich such, ist gefunden,
Wie's immer mag sein.

Nach Arbeit ich frug,
Nun hab ich genug,
Für die Hände, fürs Herze
Vollauf genug!

Am Feierabend

Hätt ich tausend
Arme zu rühren!
Könnt ich brausend
Die Räder führen!
Könnt ich wehen
Durch alle Haine!
Könnt ich drehen
Alle Steine!
Daß die schöne Müllerin
Merkte meinen treuen Sinn!

Ach, wie ist mein Arm so schwach!
Was ich hebe, was ich trage,
Was ich schneide, was ich schlage,
Jeder Knappe tut es nach.
Und da sitz ich in der großen Runde,
Zu der stillen kühlen Feierstunde,
Und der Meister spricht zu allen:
Euer Werk hat mir gefallen;
Und das liebe Mädchen sagt
Allen eine gute Nacht.

Der Neugierige

Ich frage keine Blume,
Ich frage keinen Stern,
Sie können mir nicht sagen,
Was ich erführ so gern.

Ich bin ja auch kein Gärtner,
Die Sterne stehn zu hoch;
Mein Bächlein will ich fragen,
Ob mich mein Herz belog.

O Bächlein meiner Liebe,
Wie bist du heut so stumm!
Will ja nur eines wissen,
Ein Wörtchen um und um.

Ja, heißt das eine Wörtchen,
Das andre heißet nein,
Die beiden Wörtchen schließen
Die ganze Welt mir ein.

O Bächlein meiner Liebe,
Was bist du wunderlich!
Will's ja nicht weitersagen,
Sag, Bächlein, liebt sie mich?

Das Mühlenleben

Seh ich sie am Bache sitzen,
Wenn sie Fliegennetze strickt,
Oder sonntags für die Fenster
Frische Wiesenblumen pflückt;

Seh ich sie zum Garten wandeln,
Mit dem Körbchen in der Hand,
Nach den ersten Beeren spähen
An der grünen Dornenwand:

Dann wird's eng in meiner Mühle,
Alle Mauern ziehn sich ein,
Und ich möchte flugs ein Fischer,
Jäger oder Gärtner sein.

Und der Steine lustig Pfeifen,
Und des Wasserrads Gebraus,
Und der Werke emsig Klappern,
's jagt mich fast zum Tor hinaus.

Aber wenn in guter Stunde
Plaudernd sie zum Burschen tritt,
Und als kluges Kind des Hauses
Seitwärts nach dem Rechten sieht,

Und verständig lobt den einen,
Daß der andre merken mag,
Wie er's besser treiben solle,
Geht er ihrem Danke nach –

Keiner fühlt sich recht getroffen,
Und doch schießt sie nimmer fehl;
Jeder muß von Schonung sagen,
Und doch hat sie keinen Hehl.

Keiner wünscht, sie möchte gehen,
Steht sie auch als Herrin da,
Und fast wie das Auge Gottes
Ist ihr Bild uns immer nah. –

Ei, da mag das Mühlenleben
Wohl des Liedes würdig sein,
Und die Räder, Stein' und Stampfen
Stimmen als Begleitung ein.

Alles geht in schönem Tanze
Auf und ab, und ein und aus:
Gott gesegne mir das Handwerk
Und des guten Meisters Haus!

Ungeduld

Ich schnitt es gern in alle Rinden ein,
Ich grüb es gern in jeden Kieselstein,
Ich möcht es sä'n auf jedes frische Beet
Mit Kressesamen, der es schnell verrät,
Auf jeden weißen Zettel möcht ich's schreiben:
Dein ist mein Herz und soll es ewig bleiben.

Ich möcht mir ziehen einen jungen Star,
Bis daß er spräch die Worte rein und klar,
Bis er sie spräch mit meines Mundes Klang,
Mit meines Herzens vollem, heißen Drang;
Dann säng er hell durch ihre Fensterscheiben:
Dein ist mein Herz und soll es ewig bleiben.

Den Morgenwinden möcht ich's hauchen ein,
Ich möcht es säuseln durch den regen Hain;
O, leuchtet' es aus jedem Blumenstern!
Trüg es der Duft zu ihr von nah und fern!
Ihr Wogen, könnt ihr nichts als Räder treiben?
Dein ist mein Herz und soll es ewig bleiben.

Ich meint', es müßt in meinen Augen stehn,
Auf meinen Wangen müßt man's brennen sehn,
Zu lesen wär's auf meinem stummen Mund,
Ein jeder Atemzug gäb's laut ihr kund;
Und sie merkt nichts von all dem bangen Treiben:
Dein ist mein Herz und soll es ewig bleiben!

Morgengruß

Guten Morgen, schöne Müllerin!
Wo steckst du gleich das Köpfchen hin,
Als wär dir was geschehen?
Verdrießt dich denn mein Gruß so schwer?
Verstört dich denn mein Blick so sehr?
So muß ich wieder gehen.

O laß mich nur von ferne stehn,
Nach deinem lieben Fenster sehn,
Von ferne, ganz von ferne!
Du blondes Köpfchen, komm hervor!
Hervor aus eurem runden Tor,
Ihr blauen Morgensterne!

Ihr schlummertrunknen Äugelein,
Ihr taubetrübten Blümelein,
Was scheuet ihr die Sonne?
Hat es die Nacht so gut gemeint,
Daß ihr euch schließt und bückt und weint
Nach ihrer stillen Wonne?

Nun schüttelt ab der Träume Flor,
Und hebt euch frisch und frei empor
In Gottes hellen Morgen!
Die Lerche wirbelt in der Luft,
Und aus dem tiefen Herzen ruft
Die Liebe Leid und Sorgen.

Des Müllers Blumen

Am Bach viel kleine Blumen stehn,
Aus hellen blauen Augen sehn;
Der Bach der ist des Müllers Freund,
Und hellblau Liebchens Auge scheint,
Drum sind es meine Blumen.

Dicht unter ihrem Fensterlein
Da pflanz ich meine Blumen ein,
Da ruft ihr zu, wenn alles schweigt,
Wenn sich ihr Haupt zum Schlummer neigt,
Ihr wißt ja, was ich meine.

Und wenn sie tät die Äuglein zu,
Und schläft in süßer, süßer Ruh,
Dann lispelt als ein Traumgesicht
Ihr zu: Vergiß, vergiß mein nicht!
Das ist es, was ich meine.

Und schließt sie früh die Laden auf,
Dann schaut mit Liebesblick hinauf:
Der Tau in euren Äugelein,
Das sollen meine Tränen sein,
Die will ich auf euch weinen.

Tränenregen

Wir saßen so traulich beisammen
Im kühlen Erlendach,
Wir schauten so traulich zusammen
Hinab in den rieselnden Bach.

Der Mond war auch gekommen,
Die Sternlein hinterdrein,
Und schauten so traulich zusammen
In den silbernen Spiegel hinein.

Ich sah nach keinem Monde,
Nach keinem Sternenschein,
Ich schaute nach ihrem Bilde,
Nach ihren Augen allein.

Und sahe sie nicken und blicken
Herauf aus dem seligen Bach,
Die Blümlein am Ufer, die blauen,
Sie nickten und blickten ihr nach.

Und in den Bach versunken
Der ganze Himmel schien,
Und wollte mich mit hinunter
In seine Tiefe ziehn.

Und über den Wolken und Sternen
Da rieselte munter der Bach,
Und rief mit Singen und Klingen:
Geselle, Geselle, mir nach!

Da gingen die Augen mir über,
Da ward es im Spiegel so kraus;
Sie sprach: Es kommt ein Regen,
Ade, ich geh nach Haus.

Mein!

Bächlein, laß dein Rauschen sein!
Räder, stellt eur Brausen ein!
All ihr muntern Waldvögelein,
Groß und klein,
Endet eure Melodein!
Durch den Hain
Aus und ein
Schalle heut ein Reim allein:
Die geliebte Müllerin ist mein!
Mein!

Frühling, sind das alle deine Blümelein?
Sonne, hast du keinen hellern Schein?
Ach, so muß ich ganz allein,
Mit dem seligen Worte mein,
Unverstanden in der weiten Schöpfung sein!

Pause

Meine Laute hab ich gehängt an die Wand,
Hab sie umschlungen mit einem grünen Band –
Ich kann nicht mehr singen, mein Herz ist zu voll,
Weiß nicht, wie ich's in Reime zwingen soll.
Meiner Sehnsucht allerheißesten Schmerz
Durft ich aushauchen in Liederscherz,
Und wie ich klagte so süß und fein,
Meint ich doch, mein Leiden wär nicht klein.
Ei, wie groß ist wohl meines Glückes Last,
Daß kein Klang auf Erden es in sich faßt?

Nun, liebe Laute, ruh an dem Nagel hier!
Und weht ein Lüftchen über die Saiten dir,
Und streift eine Biene mit ihren Flügeln dich,
Da wird mir bange und es durchschauert mich.
Warum ließ ich das Band auch hängen so lang?
Oft fliegt's um die Saiten mit seufzendem Klang.
Ist es der Nachklang meiner Liebespein?
Soll es das Vorspiel neuer Lieder sein?

Mit dem
grünen Lautenbande

Schad um das schöne grüne Band,
Daß es verbleicht hier an der Wand,
Ich hab das Grün so gern!
So sprachst du, Liebchen, heut zu mir;
Gleich knüpf ich's ab und send es dir:
Nun hab das Grüne gern!

Ist auch dein ganzer Liebster weiß,
Soll Grün doch haben seinen Preis,
Und ich auch hab es gern.
Weil unsre Lieb ist immergrün,
Weil grün der Hoffnung Fernen blühn
Drum haben wir es gern.

Nun schlingst du in die Locken dein
Das grüne Band gefällig ein,
Du hast ja's Grün so gern.
Dann weiß ich, wo die Hoffnung wohnt,
Dann weiß ich, wo die Liebe thront,
Dann hab ich's Grün erst gern.

Der Jäger

Was sucht denn der Jäger am Mühlbach hier?
Bleib, trotziger Jäger, in deinem Revier!
Hier gibt es kein Wild zu jagen für dich,
Hier wohnt nur ein Rehlein, ein zahmes, für mich.
Und willst du das zärtliche Rehlein sehn,
So laß deine Büchsen im Walde stehn,
Und laß deine kläffenden Hunde zu Haus,
Und laß auf dem Horne den Saus und Braus,
Und schere vom Kinne das struppige Haar,
Sonst scheut sich im Garten das Rehlein fürwahr.

Doch besser, du bliebest im Walde dazu,
Und ließest die Mühlen und Müller in Ruh.
Was taugen die Fischlein im grünen Gezweig?
Was will denn das Eichhorn im bläulichen Teich?
Drum bleibe, du trotziger Jäger, im Hain,
Und laß mich mit meinen drei Rädern allein;
Und willst meinem Schätzchen dich machen
                                        beliebt,
So wisse, mein Freund, was ihr Herzchen betrübt:
Die Eber, die kommen zu Nacht aus dem Hain,
Und brechen in ihren Kohlgarten ein,
Und treten und wühlen herum in dem Feld:
Die Eber die schieße, du Jägerheld!

Eifersucht und Stolz

Wohin so schnell, so kraus, so wild, mein lieber Bach?
Eilst du voll Zorn dem frechen Bruder Jäger nach?
Kehr um, kehr um, und schilt erst deine Müllerin
Für ihren leichten, losen, kleinen Flattersinn.
Sahst du sie gestern abend nicht am Tore stehn,
Mit langem Halse nach der großen Straße sehn?
Wenn von dem Fang der Jäger lustig zieht nach Haus,
Da steckt kein sittsam Kind den Kopf zum Fenster 'naus.
Geh, Bächlein, hin und sag ihr das, doch sag ihr nicht,
Hörst du, kein Wort von meinem traurigen Gesicht;
Sag ihr: Er schnitzt bei mir sich eine Pfeif aus Rohr,
Und bläst den Kindern schöne Tänz und Lieder vor.

Erster Schmerz, letzter Scherz

Nun sitz am Bache nieder
Mit deinem hellen Rohr
Und blas den lieben Kindern
Die schönen Lieder vor.

Die Lust ist ja verrauschet,
Das Leid hat immer Zeit:
Nun singe neue Lieder
Von alter Seligkeit.

Noch blühn die alten Blumen,
Noch rauscht der alte Bach,
Es scheint die liebe Sonne
Noch wie am ersten Tag.

Die Fensterscheiben glänzen
Im klaren Morgenschein,
Und hinter den Fensterscheiben
Da sitzt die Liebste mein.

Ein Jäger, ein grüner Jäger,
Der liegt in ihrem Arm –
Ei, Bach, wie lustig du rauschest!
Ei, Sonne, wie scheinst du so warm!

Ich will einen Strauß dir pflücken,
Herzliebste, von buntem Klee,
Den sollst du mir stellen ans Fenster,
Damit ich den Jäger nicht seh.

Ich will mit Rosenblättern
Den Mühlensteg bestreun:
Der Steg hat mich getragen
Zu dir, Herzliebste mein!

Und wenn der stolze Jäger
Ein Blättchen mir zertritt,
Dann stürz, o Steg, zusammen
Und nimm den Grünen mit!

Und trag ihn auf dem Rücken
Ins Meer, mit gutem Wind,
Nach einer fernen Insel
Wo keine Mädchen sind.

Herzliebste, das Vergessen,
Es kommt dir ja nicht schwer –
Willst du den Müller wieder?
Vergißt dich nimmermehr.

Die liebe Farbe

In Grün will ich mich kleiden,
In grüne Tränenweiden,
Mein Schatz hat's Grün so gern.
Will suchen einen Zypressenhain,
Eine Heide voll grünem Rosmarein,
Mein Schatz hat's Grün so gern.

Wohlauf zum fröhlichen Jagen!
Wohlauf durch Heid und Hagen!
Mein Schatz hat's Jagen so gern.
Das Wild, das ich jage, das ist der Tod;
Die Heide, die heiß ich die Liebesnot,
Mein Schatz hat's Jagen so gern.

Grabt mir ein Grab im Wasen,
Deckt mich mit grünem Rasen,
Mein Schatz hat's Grün so gern.
Kein Kreuzlein schwarz, kein Blümlein bunt,
Grün, alles grün so rings und rund!
Mein Schatz hat's Grün so gern.

Die böse Farbe

Ich möchte ziehn in die Welt hinaus,
Hinaus in die weite Welt;
Wenn's nur so grün, so grün nicht wär
Da draußen in Wald und Feld!

Ich möchte die grünen Blätter all
Pflücken von jedem Zweig,
Ich möchte die grünen Gräser all
Weinen ganz totenbleich.

Ach Grün, du böse Farbe du,
Was siehst mich immer an,
So stolz, so keck, so schadenfroh,
Mich armen weißen Mann?

Ich möchte liegen vor ihrer Tür,
In Sturm und Regen und Schnee,
Und singen ganz leise bei Tag und Nacht
Das eine Wörtchen ade!

Horch, wenn im Wald ein Jagdhorn ruft,
Da klingt ihr Fensterlein,
Und schaut sie auch nach mir nicht aus,
Darf ich doch schauen hinein.

O binde von der Stirn dir ab
Das grüne, grüne Band;
Ade, ade! und reiche mir
Zum Abschied deine Hand!

Blümlein Vergißmein

Was treibt mich jeden Morgen
So tief ins Holz hinein?
Was frommt mir, mich zu bergen
Im unbelauschten Hain?

Es blüht auf allen Fluren
Blümlein Vergiß mein nicht,
Es schaut vom heitern Himmel
Herab in blauem Licht.

Und soll ich's niedertreten,
Bebt mir der Fuß zurück,
Es fleht aus jedem Kelche
Ein wohlbekannter Blick.

Weißt du, in welchem Garten
Blümlein Vergiß mein steht?
Das Blümlein muß ich suchen,
Wie auch die Straße geht.

's ist nicht für Mädchenbusen,
So schön sieht es nicht aus;
Schwarz, schwarz ist seine Farbe,
Es paßt in keinen Strauß.

Hat keine grünen Blätter,
Hat keinen Blütenduft,
Es windet sich am Boden
In nächtig dumpfer Luft.

Wächst auch an einem Ufer,
Doch unten fließt kein Bach,
Und willst das Blümlein pflücken,
Dich zieht der Abgrund nach.

Das ist der rechte Garten,
Ein schwarzer, schwarzer Flor,
Darauf magst du dich betten –
Schließ zu das Gartentor!

Trockne Blumen

Ihr Blümlein alle,
Die sie mir gab,
Euch soll man legen
Mit mir ins Grab.

Wie seht ihr alle
Mich an so weh,
Als ob ihr wüßtet,
Wie mir gescheh?

Ihr Blümlein alle,
Wie welk, wie blaß?
Ihr Blümlein alle,
Wovon so naß?

Ach, Tränen machen
Nicht maiengrün,
Machen tote Liebe
Nicht wieder blühn.

Und Lenz wird kommen,
Und Winter wird gehn,
Und Blümlein werden
Im Grase stehn,

Und Blümlein liegen
In meinem Grab,
Die Blümlein alle
Die sie mir gab.

Und wenn sie wandelt
Am Hügel vorbei,
Und denkt im Herzen:
Der meint' es treu!

Dann Blümlein alle
Heraus, heraus!
Der Mai ist kommen,
Der Winter ist aus.

Der Müller
und der Bach

Der Müller
Wo ein treues Herze
In Liebe vergeht,
Da welken die Lilien
Auf jedem Beet.

Da muß in die Wolken
Der Vollmond gehn,
Damit seine Tränen
Die Menschen nicht sehn.

Da halten die Englein
Die Augen sich zu,
Und schluchzen und singen
Die Seele zu Ruh.

Der Bach
Und wenn sich die Liebe
Dem Schmerz entringt,
Ein Sternlein, ein neues,
Am Himmel erblinkt.

Da springen drei Rosen,
Halb rot, halb weiß,
Die welken nicht wieder,
Aus Dornenreis.

Und die Englein schneiden
Die Flügel sich ab
Und gehn alle Morgen
Zur Erde hinab.

Der Müller
Ach, Bächlein, liebes Bächlein,
Du meinst es so gut:
Ach, Bächlein, aber weißt du
Wie Liebe tut?

Ach, unten, da unten
Die kühle Ruh!
Ach, Bächlein, liebes Bächlein,
So singe nur zu.

Des Baches Wiegenlied

Gute Ruh, gute Ruh!
Tu die Augen zu!
Wandrer, du müder, du bist zu Haus.
Die Treu ist hier,
Sollst liegen bei mir,
Bis das Meer will trinken die Bächlein aus.

Will betten dich kühl
Auf weichem Pfühl
In dem blauen kristallenen Kämmerlein.
Heran, heran
Was wiegen kann,
Woget und wieget den Knaben mir ein!

Wenn ein Jagdhorn schallt
Aus dem grünen Wald,
Will ich sausen und brausen wohl um dich her.
Blickt nicht herein,
Blaue Blümelein!
Ihr macht meinem Schläfer die Träume so schwer.

Hinweg, hinweg
Von dem Mühlensteg,
Böses Mägdlein, daß ihn dein Schatten nicht weckt!
Wirf mir herein
Dein Tüchlein fein,
Daß ich die Augen ihm halte bedeckt!

Gute Nacht, gute Nacht!
Bis alles wacht
Schlaf aus deine Freude, schlaf aus dein Leid!
Der Vollmond steigt,
Der Nebel weicht,
Und der Himmel da oben, wie ist er so weit!

Nachbemerkung

»Am Brunnen vor dem Tore«, »Das Wandern ist des Müllers Lust«, »Ich schnitt es gern in alle Rinden ein« – die Anfangszeilen verbreiteter Volkslieder. Die Lieder sind bekannt, der Autor ist vergessen, allenfalls den Komponisten kennt man: *Franz Schubert*. Wer war der Dichter dieser Lieder, die Schubert einen »schauerlichen Zyklus« nannte, als er Die Winterreise vertonte?

Wilhelm Müller wurde am 7. Oktober 1794 in Dessau geboren, Sohn eines Handwerkers. Schon früh, 1804, starb die Mutter, der Vater heiratete ein zweites Mal, eine wohlhabendere Witwe. Dadurch wurde Wilhelm Müller der Besuch der weiterführenden Schule und später der Universität ermöglicht. Bereits im Elternhaus kam er in Berührung mit dem Liedgut wandernder Gesellen, die dort ein und aus gingen – dies blieb für sein ganzes lyrisches Schaffen prägend. Nach dem Schulabschluß ging Wilhelm Müller im Sommer 1812 nach Berlin, wo er sich an der Universität immatrikulierte. Bereits nach wenigen Monaten geriet er in den Sog der ›Freiheitskriege‹, die – nach der Niederlage der napoleonischen Armeen in Rußland – mit dem Aufstand in Preußen gegen die französische Besatzung begannen. In den studentischen Kreisen war es selbstverständlich, sich an diesen Kämpfen zu beteiligen, und so meldete sich auch Wilhelm Müller im Februar 1813 als Kriegsfreiwilliger; erst im November 1814 kehrte er wieder nach Berlin zurück, um seine Studien fortzuführen. In der Folge beschäftigte er sich mit Klassischer Philologie, mit Anglistik und mit der damals noch recht jungen Wissenschaft der Germanistik. Richtungsweisend für die Germanistik jener Zeit waren Sammlungen wie die *Kinder-und Hausmärchen*, herausgegeben zwischen 1812 und 1822 von *Jakob* und *Wilhelm Grimm* oder *Des Knaben Wunderhorn* von *Achim von Arnim* und *Clemens Brentano,* erschienen 1806 und 1808 in Heidelberg. Auch diese Einflüsse blieben prägend, Müller sah darin Vorbilder, es waren für ihn Orientierungspunkte für seine eigene Dichtung. Arnim war es auch, der Müller zu einer Übersetzung von Christopher Marlowes »Dr. Faustus« anregte. In seiner Studentenzeit verkehrte Müller in den Berliner literarischen Salons, machte die Bekanntschaft von damals berühmten Autoren, etwa Fouqué. Es entstanden die ersten Lieder des Zyklus »Die schöne Müllerin«, die Müller für ein Rollenspiel schrieb.

Doch zunächst zurück zu den Studienjahren: Müller scheint sich eher etwas verzettelt zu haben, wie er das später in seiner autobiographischen Novelle »Debora« selbst beschrieb, seine Interessen waren recht weitläufig. Im Jahre 1817 bot sich ihm die Gelegenheit zu einer ausgedehnten Studienreise: Der preußische Baron von Sack ersuchte die Berliner Akademie um einen studentischen Begleiter für eine Forschungs- und Studienreise nach Griechenland und in den Vorderen Orient. Die Akademie wählte dafür Wilhelm Müller, der den Auftrag bekam, griechische Inschriften zu sammeln. Die erste Station dieser Reise war Wien, und während eines mehrmonatigen Aufenthaltes kam Müller in Kontakt mit dort lebenden Griechen, die die Sache des griechischen Freiheitskampfes unterstützten. Müller lernte bei ihnen Neugriechisch, als Vorbereitung auf das nächste Reiseziel. Aber die Route mußte aufgrund der in Konstantinopel grassierenden Pest geändert werden, am 6. November brach man nach Italien auf; die Erlebnisse und Ereignisse überschlugen sich nun für Müller. In Italien entdeckte er etwas für ihn völlig Neues. Er lernte ein Leben kennen, das man am besten mit mediterranem Lebensstil, mit südlicher, italienischer Lebensart bezeichnen kann. Von diesen Eindrücken ließ er sich mitreißen, das antike Rom, das ihm aufgrund seiner bisherigen Studien vertraut war, interessierte ihn nunmehr herzlich wenig.

Dies mußte zu einer Entfremdung von seinem Mäzen führen, die Interessen beider liefen zu stark auseinander; durch die Vermittlung seines Freundes Kalckreuth wurde schließlich die Trennung vom Baron von Sack vollzogen.

Die nächsten Monate verbrachte Müller mit seinem Freund, der zu Fuß über die Schweiz und Frankreich nach Italien gekommen war. Zu Beginn des 19. Jahrhunderts gab es in Rom eine große Kolonie deutscher Künstler – Maler, Dichter, Architekten. Viele von ihnen hatten als Freiwillige an den Freiheitskriegen teilgenommen und sahen sich nun durch die reaktionären Zustände im Deutschland nach den Karlsbader Beschlüssen getäuscht. Man floh aus dem bedrückenden Norden in den lockenden Süden, lebte als Bohemien, traf sich im ›Caffè tedesco‹. Müller verbrachte in Rom unbeschwerte Monate, beschäftigte sich intensiv mit der italienischen Volkstradition.

Seine in Italien gewonnenen Eindrücke und Erlebnisse fanden ihren Niederschlag in seinem Buch »Rom, Römer und Römerinnen«, das er gleich nach seiner Rückkehr verfaßte; die Veröffentlichung dieser Aufzeichnung 1820 machte ihn einem größeren Publikum bekannt.

Im August 1818 trat Müller die Rückreise an, die ihn über Florenz, Verona und München nach Dresden führte, Ende des Jahres war er wieder in Dessau. Nach Deutschland zurückgekehrt, stellte sich rasch die Ernüchterung ein: in einem Brief, noch auf der Rückreise in München verfaßt, schreibt Müller: »Das Vaterland hat mich mit Reif und Schnee und Nebel begrüßt, das wäre noch zu ertragen, aber die Philisterei...« Hier kündigen sich schon der Winter und das Eis aus dem Zyklus »Die Winterreise« an.

Dazu kam die Notwendigkeit, seinen Lebensunterhalt zu verdienen. Müller war ohne wissenschaftliche Ergebnisse von seiner Studienreise zurückgekehrt, er besaß keinen formellen Universitätsabschluß – in Berlin gab es für ihn keine Chance, eine Stelle zu finden. Es blieb nur die Möglichkeit, sich in Dessau zu bewerben, wo er schließlich eine »Gehülfslehrerstelle« bekam. Neben seiner Tätigkeit als Lehrer arbeitete er an der herzoglichen Bibliothek; es war seine Absicht, aus dieser Nebentätigkeit eine Lebensstellung zu schaffen und als Angestellter des Hofes mehr Zeit zum Schreiben zu gewinnen, was ihm dann auch gelang. Müller begann eine ausgedehnte journalistische Tätigkeit, schrieb Rezensionen, Lexikonartikel, verfaßte Beiträge für Almanache und Artikel für verschiedene Zeitschriften, edierte eine »Bibliothek deutscher Dichter des 17. Jahrhunderts«.

Nach »Rom, Römer und Römerinnen« hatte Müller im November 1820 seine erste Gedichtsammlung, die »Siebenundsiebzig Gedichte aus den hinterlassenen Papieren eines reisenden Waldhornisten« veröffentlicht. In diesem Band ist der Zyklus »Die schöne Müllerin« enthalten, in dem später (1824) folgenden zweiten Band »Die Winterreise«. Gegen Ende des Jahres 1821 erschien das erste Heft der »Lieder der Griechen« – und machte Müller über Nacht populär, man nannte ihn nur noch den »Griechen-Müller«.

Durch Europa ging in den 20er Jahren des 19. Jahrhunderts eine Welle der Sympathie für die Sache der griechischen Unabhängigkeit, der Unterstützung für den mit dem Aufstand von 1821 begonnenen Freiheitskampf gegen die Türken. Für die Griechen ergriffen so bekannte Autoren wie Victor Hugo und Alexander Puschkin Partei, aus Deutschland zogen Burschenschaftler als Freischärler nach Griechenland, Lord Byron stellte Freiwilligenverbände auf, die er auf eigene Kosten ausrüstete. In der Folge veröffentlichte Müller sechs Hefte mit »Lieder der Griechen«, in denen er auch Kritik an den Verhältnissen in Deutschland übte und den Kampf der Griechen als Vorbild darstellte, was zum Verbot eines der Hefte durch die Zensur führte.

Im Mai 1821 hatte Müller Adelheid Basedow geheiratet, womit ein gesellschaftlicher Aufstieg verbunden war. 1824 wurde er zum Hofrat ernannt.

Die folgenden Jahre waren von ständiger Krankheit Müllers überschattet.

Als letztes bedeutendes Werk veröffentlichte er 1827 die Sammlung »Lyrische Reisen und epigrammatische Spaziergänge«. Im selben Jahr unternahm er eine ausgedehnte Reise nach Südwestdeutschland, er besuchte dabei Justinus Kerner in Weinsberg und traf dort Ludwig Uhland und Gustav Schwab, den späteren Herausgeber der Werke Müllers.

Zurück in Dessau setzte er seine vielfältigen Arbeiten fort, nur kurz. Noch nicht 33 Jahre alt, starb Wilhelm Müller am 1. Oktober 1827 an einem Schlaganfall.

Wohl am frühesten hat Heinrich Heine die Bedeutung Müllers, der zu Lebzeiten vor allem durch seine »Lieder der Griechen« bekannt war, für das Volkslied erkannt. In einem Brief vom 7. Juni 1826 schrieb Heine an Müller:

»›Die Nordsee‹ gehört zu meinen letzten Gedichten, und Sie erkennen daraus, welche neuen Töne ich anschlage und in welchen neuen Weisen ich mich ergehe. Ich bin groß genug, Ihnen offen zu bekennen, daß mein kleines ›Intermezzo‹-Metrum nicht bloß zufällige Ähnlichkeit mit Ihrem gewöhnlichen Metrum hat, sondern daß es wahrscheinlich seinen geheimsten Tonfall Ihren Liedern verdankt, indem es die lieben Müllerschen Lieder waren, die ich zu ebender Zeit kennenlernte, als ich das ›Intermezzo‹ schrieb. Ich habe sehr früh schon das deutsche Volkslied auf mich einwirken lassen; späterhin, als ich in Bonn studierte, hat mir August

Schlegel viel metrische Geheimnisse aufgeschlossen, aber ich glaube erst in Ihren Liedern den reinen Klang und die wahre Einfachheit, wonach ich immer strebte, gefunden zu haben. Wie rein, wie klar sind Ihre Lieder, und sämtlich sind es Volkslieder. In meinen Gedichten hingegen ist nur die Form einigermaßen volkstümlich, der Inhalt gehört der konventionellen Gesellschaft. Ja, ich bin groß genug, es sogar bestimmt zu wiederholen, und Sie werden es mal öffentlich ausgesprochen finden, daß mir durch die Lektüre Ihrer ›Siebenundsiebzig Gedichte‹ zuerst klargeworden, wie man aus den alten vorhandenen Volksliedformen neue Formen bilden kann, die ebenfalls volkstümlich sind, ohne daß man nötig hat, die alten Sprachholperigkeiten und Unbeholfenheiten nachzuahmen. Im zweiten Teil Ihrer Gedichte fand ich die Form noch reiner, noch durchsichtig klarer – doch, was spreche ich viel von Formwesen, es drängt mich mehr, Ihnen zu sagen, daß ich keinen Liederdichter außer Goethe so sehr liebe wie Sie... Nur Sie, Wilhelm Müller, bleiben mir also rein genießbar übrig, mit Ihrer ewigen Frische und jugendlichen Ursprünglichkeit...«

Winfried Stephan

Inhalt

DIE WINTERREISE 5
Gute Nacht 7
Die Wetterfahne 9
Gefrorene Tränen 10
Erstarrung 12
Der Lindenbaum 14
Die Post 16
Wasserflut 17
Auf dem Flusse 18
Rückblick 19
Der greise Kopf 21
Die Krähe 22
Letzte Hoffnung 23
Im Dorfe 24
Der stürmische Morgen 25
Täuschung 26
Der Wegweiser 27
Das Wirtshaus 28
Das Irrlicht 30
Rast 31
Die Nebensonnen 33
Frühlingstraum 34
Einsamkeit 36
Mut 37
Der Leiermann 39

DIE SCHÖNE MÜLLERIN   41
Wanderschaft   43
Wohin?   45
Halt!   47
Danksagung an den Bach   48
Am Feierabend   50
Der Neugierige   51
Das Mühlenleben   52
Ungeduld   55
Morgengruß   57
Des Müllers Blumen   59
Tränenregen   60
Mein!   62
Pause   64
Mit dem grünen Lautenbande   65
Der Jäger   66
Eifersucht und Stolz   68
Erster Schmerz, letzter Scherz   69
Die liebe Farbe   71
Die böse Farbe   73
Blümlein Vergißmein   75
Trockne Blumen   78
Der Müller und der Bach   81
Des Baches Wiegenlied   83

Nachbemerkung   85